Précis de syntaxe
française du XVIIe siècle

GERHARD BOYSEN

Précis de syntaxe française du XVIIe siècle

ODENSE UNIVERSITY PRESS · 1973

Tryk: H. H. Schreiner

ISBN 87 7492 084 7

INTRODUCTION.

Les ambitions de ce petit livre sont très limitées. Il s'adresse en premier lieu aux étudiants danois qui, de bonne heure, sont confrontés avec l'étude des textes du XVIIe siècle et à la disposition de qui nous avons voulu mettre ce relevé des différences syntaxiques les plus importantes entre ce siècle et le français moderne. Nous l'avons pourtant rédigé en français dans l'espoir qu'il pourrait rendre quelque service en dehors du Danemark.

Ce manuel ne cherche donc nullement à se substituer à la Syntaxe française du XVIIe siècle d'A. Haase, qui garde toute son importance, ne serait-ce qu'à cause de sa documentation et aux témoignages de grammairiens contemporains qu'elle rapporte. On verra d'ailleurs que nous la citerons constamment et que nous y renverrons tout au long de notre exposé.

D'autre part, nous avons pensé qu'il serait utile, pour des raisons pédagogiques, de présenter l'essentiel des particularités syntaxiques du XVIIe siècle sous une forme un peu plus maniable et plus pratique, quitte à renoncer aux détails. De plus, il nous a paru nécessaire de tenir compte d'une partie de la littérature grammaticale parue depuis la publication de la Syntaxe de Haase (en 1888, traduite et remaniée en 1914 par M. Obert). Autrement dit, une mise à jour s'imposait.

L'objectif pratique de ce livre expliquera qu'on n'y trouve pas de considérations sur la question épineuse des périodes linguistiques et de leur délimitation, non plus que sur les rapports entre les courants littéraires et les étapes du développement de la langue (baroque, classi= cisme, etc.). Nous avons simplement pris le XVIIe siècle comme une période chronologiquement délimitée afin de le comparer au français moderne.

De même, nos citations de grammairiens contemporains, surtout des Remarques sur la langue française (1647) de Vaugelas, ne cherchent pas à donner une vue approfondie de la situation linguistique au XVIIe siècle, ce qui supposerait une confrontation des différents grammairiens - comme c'est souvent le cas chez Haase - et dépasserait le but que nous nous sommes fixé. Nous ne nous servons de ces témoignages que dans la mesure où il nous paraît qu'ils permettent de formuler une règle d'une manière particulièrement claire et frappante.

Le point de vue contrastif explique encore la disproportion apparente entre la maigreur de certains chapitres (adjectifs, pronoms possessif et démonstratif, conjonctions) et la relative ampleur d'autres (articles, pronoms personnels, prépositions): la disposition était commandée par les différences par rapport au français moderne que nous avons effectivement constatées.

- 2 -

Enfin, c'est pour des raisons de clarté que nous avons pratiquement
généralisé l'ortographe moderne (sauf dans les citations directes de
Vaugelas, etc.), même là où les éditions reproduisent celle du XVIIe
siècle.

Le signe ⟶ veut dire "est remplacé par".

Nous tenons à remercier ici un grand nombre de collègues qui ont bien
voulu lire une première version de ce travail et nous faire part de
leurs critiques et suggestions, ce qui a permis de remédier à quelques-unes
des lacunes et des inexactitudes les plus évidentes. Nous sommes particu=
lièrement redevable envers MM. Magnus Berg, Jørgen Lomholt, John Pedersen,
Jens Rasmussen, Povl Skårup, Palle Spore, Knud Togeby et Carl Vikner. Nous
remercions également M. Gérard Lehmann, qui a bien voulu se charger de la
révision stylistique du texte, et l'Université d'Odense, qui, par une
subvention, a couvert les frais d'impression.

1. Articles.

D'une façon générale, l'emploi des articles était moins étendu au XVIIe siècle qu'en français moderne, qu'il s'agisse de l'article défini, indéfini ou partitif.

1.1. Article défini.

1.1.1. Avec <u>certains types de substantifs</u>, l'article fait parfois défaut:

1.1.1.1. devant des noms abstraits comme <u>amour</u>, <u>fortune</u>, <u>mort</u>, <u>nature</u> (Haase §28 B):

> D'un censeur de plaisirs ai-je fort l'encolure, / Et Mascarille est-il ennemi de nature? (Étourdi I 2)
> C'est une oeuvre où nature a fait tous ses efforts. (Malherbe, cit. Haase §28 B)
> Mais que me répondrait votre incrédulité / Si je vous faisais voir qu'on vous dit vérité? (Tartuffe IV 3)
> Sire, votre courroux, qui m'impose silence (Tristan v. 1217)

1.1.1.2. devant des substantifs représentant des <u>noms uniques dans leur espèce</u> ("unica") (Haase §28 A): <u>paradis</u>, <u>diable</u>, <u>enfer</u>, etc.:

> Alexandre eût eu de la peine à se résoudre de gagner paradis par humilité. (Balzac, cit. Haase §28 A)
> Ils la mettent dans de grands paniers sous terre, sur laquelle ils allument du feu (Régnier, cit. ibid.).

1.1.1.3. devant les <u>noms géographiques</u>, l'usage montre quelques cas d'absence d'article avec des noms de pays et de fleuves:

> Vous devez avoir reçu le paquet que je vous ai envoyé pour Suède. (Balzac, cit. Haase §31 A)
> Rodrigue maintenant est notre unique appui, / (...) Le soutien de Castille, et la terreur du More. (Cid IV 2)
> La douceur qu'on respire au bord de Loire s'épandra jusques ici. (Balzac, cit. Haase §31 B).

1.1.2. Avec <u>certains types d'épithètes</u>, l'article défini fait de même souvent défaut:

1.1.2.1. quand le substantif est <u>déterminé par un infinitif</u>, il est souvent dépourvu d'article:

> un beau palais, qui par dehors a apparence d'être rempli de liberté et de délices (Sorel 62)
> Elle se délibéra donc de faire la malade pour avoir occasion de faire venir chez elle son Amant (Sorel, cit. Boström 38).

En particulier, on peut signaler l'emploi des substantifs <u>dessein</u> et
<u>droit</u> sans article:·

> J'avais hier dessein de vous aller voir (Sévigné 102)
> Et moi, je fis dessein de mourir pour la suivre (Tristan v. 1546)
> Je vous donne donc ces pièces justificatives de la réputation
> où elle a vécu, sans dessein de justifier la façon dont je l'ai
> fait parler français (Cid, Avertissement)
> Ce traitement, madame, a droit de vous surprendre (Alexandre v 3)
> Cherchez à ce grand coeur, que rien ne peut dompter, / Quelque
> trône où vous seul ayez droit de monter. (Thébaïde IV 3).

<u>1.1.2.2.</u> devant <u>même</u>, on omet généralement l'article (Haase §28 ▸

> Je tremble, je soupire, / Et vois que si nos coeurs avaient mêmes
> désirs, / Je n'aurais pas besoin d'expliquer mes soupirs.
> (Cinna III 4)
> Songe avec quel amour j'élevai ta jeunesse. / (Émilie:) Il éleva
> la vôtre avec même tendresse; (ibid. V 2)
> et il se couvrit tout le visage d'un masque de même étoffe qui y
> était attaché. (Sorel 67).

<u>1.1.2.3.</u> avec <u>tout</u>, au singulier surtout dans le syntagme
<u>toute nuit</u> (Haase §28 C):

> Quoi? masques toute nuit assiégeront ma porte? (Étourdi III 9),

au pluriel dans quelques cas avec sens générique:

> Votre Majesté juge divinement bien de toutes choses (Sévigné 131
> notre abbé, qui entend dire de tous côtés que l'on vous aime
> (ibid. 105)
> la nuit tous chats sont gris (Visionnaires v. 284).

<u>1.1.2.4.</u> Au XVIIe siècle, on pouvait encore omettre l'article
défini du <u>superlatif postposé</u>:

> Mais je vais employer mes efforts plus puissants (Étourdi V 7).

Cette forme est encore assez fréquente chez Molière, mais elle se fait
rare vers la fin du siècle. Déjà Vaugelas (pp. 75-76) demande
catégoriquement l'article.

<u>1.1.3.</u> Dans certaines <u>constructions attributives</u>, l'article défini
peut encore faire défaut:

<u>1.1.3.1.</u> <u>Attribut du sujet:</u> avec <u>seul</u>, il y a parfois absence
d'article, si <u>seul</u> est déterminé par une proposition relative:

> Ma bonne, vous n'êtes pas seule qui aimez votre mère. (Sévigné
> cit. Haase §28 F).

De même avec <u>bienvenu</u>:

> Cependant sa grimace est partout bienvenue (Misanthrope I 1, c
> ibid.).

1.1.3.2. Attribut indirect: premier est parfois dépourvu
d'article (Haase §28F):
    L'orage qui souffla premier en mon coeur (Voiture, cit. Haase).

1.2. Article indéfini.

En ancien français, l'article indéfini s'employait avec une nuance
individualisante, tandis qu'on ne s'en servait pas pour exprimer un
sens générique. En français moderne, l'emploi de l'article est de règle
dans les deux cas. Au XVIIe siècle, il y a encore de nombreux cas de
non-emploi de l'article:

1.2.1. Avec les noms abstraits, on omet très souvent l'article, quelle
que soit la fonction syntaxique du nom en question:
    M'aurait-on joué pièce et fait supercherie? (Étourdi II 4)
    Il met du rouge, mais rarement, il n'en fait pas habitude
    (La Bruyère, cit. Haase §57 IC)
    Si dans la même Église il arrivait miracle du côté des errants
    (Pascal, cit. ibid. §57 IA)
    C'est médisance, c'est calomnie. (La Bruyère, cit. ibid. §57 IB)
Quand, surtout chez La Fontaine et Scarron, on rencontre des substantifs
concrets avec la même syntaxe, il s'agit le plus souvent, même là, d'une
généralisation, autrement dit d'un cas proche de l'emploi de l'article
générique en français moderne:
    Fille se coiffe volontiers (La Fontaine, cit. Haase §57 I).

1.2.2. La possibilité d'une description grammaticale plus précise
surgit quand on prend en considération le contexte, d'abord l'épithète.
Alors qu'en français moderne un adjectif épithète donne parfois tendance
à employer l'article, ainsi après la préposition avec, cette tendance
était bien moins prononcée au XVIIe siècle:
    Mademoiselle de la Rappinière reçut la compagnie avec grande
    civilité (Scarron, cit. Hellgrewe 17)
    Si j'assistais aux fêtes, je vous en rendrais compte exact
    (La Bruyère 640).
Vaugelas (p. 220) souligne, à propos de la construction "C'est chose
glorieuse", que "tout à coup cette locution a vieilli", et qu'il faut
dire c'est une chose glorieuse.

On peut citer en particulier quelques cas nettement déterminés, où l'emploi de l'article indéfini n'a pas lieu:

1.2.2.1. Épithètes marquant l'identité (ou le manque d'identité): tel, autre (Haase §57 II):

Auriez-vous autre pensée en tête? (Tartuffe I 5)
L'amour qui me portait eut sur lui tel pouvoir (Corneille, Oedipe II 3, cit. Haase §57 II)

1.2.2.2. demi (Haase §57 II):

Trouvez bon cependant que je vous donne de quoi vous amuser demi-heure (Balzac, cit. Leest 10).

1.2.3. L'article fait souvent défaut quand il s'agit d'une détermination sous forme de proposition relative:

Un homme est là qui voudrait vous parler, / Pour affaire, dit-il, qu'on ne peut reculer (Molière, Misanthrope II 5, cit. Haase §57 D)

1.3. Article partitif.

De même que l'article indéfini, l'article partitif marque au début un emploi individuel, c'est-à-dire défini: Manchevaire, verse del vin (Courtois d'Arras, v. 292), puis devient général. De nombreux exemples au XVIIe siècle attestent le non-emploi de l'article partitif par rapport au français moderne (Haase §117). Mais, contrairement aux deux articles précédemment décrits, il ne s'agit pas d'un simple développement du non-emploi vers l'emploi de l'article, mais d'une double évolution en deux sens différents. De plus, le problème se complique par une double opposition: il faut l'étudier non seulement sous l'angle de l'opposition article - non-article, mais aussi sous celui de l'opposition article partitif plein (de + article défini) en face de la seule préposition de.

1.3.1. emploi ou non-emploi de l'article partitif.

1.3.1.1. Le trait le plus frappant est la fréquente <u>absence de</u>
l'article partitif:

> Quoi? masques toute nuit assiégeront ma porte? (Étourdi III 9)
> Mille voeux élancés m'entourent comme abeilles. (Visionnaires,
> v. 454)
> Eux autres rarement passent pour gens de bien (Étourdi IV 7).

Haase §117 rend compte de l'évolution observable à l'intérieur du XVIIe
siècle. Selon Vaugelas 171, "<u>il a esprit</u>, ne se peut dire ny selon le bon
usage, ny selon la Grammaire".

1.3.1.2. Cependant, dans certains cas, c'est au contraire le
XVIIe siècle qui se sert de l'article partitif, à savoir dans les
expressions du type <u>avoir peur</u>, <u>avoir tort</u>, <u>avoir faim</u>, si elles sont
accompagnées d'une négation:

> Vous n'aviez point de soif qu'alors qu'elle buvait (Étourdi IV 4)
> N'avez-vous point de honte avec votre mollesse? (Les Femmes
> savantes II 9)
> N'en ayez pas de peur (Corneille, La Veuve III 4, cit. Haase §118).

1.3.2. emploi de l'article partitif plein (de + article défini) ou de
la seule préposition de.

1.3.2.1. En français moderne, on emploie, en règle générale, la
seule préposition <u>de</u> devant un adjectif épithète antéposé au pluriel: <u>de</u>
<u>beaux tableaux</u>. Au XVIIe siècle, cette règle était moins précise:

1.3.2.1.1. D'une part, on pouvait employer la seule préposition
<u>de</u> même au singulier: <u>pour de bon argent</u> (Molière, Dom Juan V 2, cit.
Togeby, Fransk grammatik §63). Déjà Vaugelas (pp. 330-31) fait cependant,
implicitement, la distinction moderne entre singulier et pluriel, puisque
dans ses exemples il est uniquement question de <u>des</u> face à <u>de</u>: <u>d'excellens</u>
<u>hommes</u> / <u>des hommes excellens.</u>

1.3.2.1.2. D'autre part, on pouvait se servir de l'article
partitif plein devant un adjectif au pluriel:

> des sévères Censeurs, des Accusateurs irréprochables, et des
> Juges rigoureux (Sorel 62)
> Des grosses larmes lui tombent des yeux (Sévigné, cit. Haase
> §119 B)
> La justice est donc de celles que l'on appelle des éternelles
> vérités (La Bruyère, cit. ibid.).

1.3.2.2. De même, le XVIIe siècle ne distinguait pas autant que ?
français moderne les emplois affirmatif et négatif: on trouve plus souven*
qu'aujourd'hui l'article partitif plein avec négation:

Il ne s'en présente pas maintenant des exemples, mais il s'en
trouve assez dans les écrits de ceux qui en usent. (Vaugelas, ci*
Haase §119 B).

Là encore, Vaugelas (p. 574) établit la règle moderne en soulignant qu'il
faut dire ie n'ay point d'argent et non ie n'ay point de l'argent.

2. Syntaxe du substantif par ailleurs.

2.1. Genre.

Dans un grand nombre de cas, des substantifs ont un genre hésitant ou
différent de celui du français moderne. Ainsi, le mot amour est souvent
féminin (encore préféré par Vaugelas 389-90), sauf quand il signifie
"Cupidon" ou l'amour de Dieu:

Et qui ne se serait comme moi déclarée / Sur la foi d'une amour
saintement jurée? (Andromaque II 1).

Parmi les plus importants de ces substantifs qui pouvaient avoir un autre
genre, on peut citer affaire, erreur, étude, idole, oeuvre, offre et pério
qui étaient ou pouvaient etre du masculin, et exemple et reproche, qui
étaient ou pouvaient être du féminin. Pour une description plus détaillée
du genre de chaque substantif, il faut consulter un dictionnaire (p. ex.
Dubois-Lagane [1] p. 503). Une liste utile des mots qui, au XVIe siècle,
avaient un genre différent de celui du français moderne, est donnée par
Gougenheim, Grammaire de la langue française du seizième siècle, pp. 41-46

-----

1) voir la bibliographie.

2.2. Nombre.

On emploie souvent les _noms abstraits_ au pluriel, parfois pour marquer une signification concrète:

> Je sais (...) Combien je vais sur moi faire éclater de haines
> (Andromaque III 7) ("exclamations haineuses")
> Le trop riant espoir que vous leur présentez / Attache autour de
> vous leurs assiduités (Misanthrope II 1)
> Tu m'avais promis, lâche, et j'avais lieu d'attendre / Qu'on te
> verrait servir mes ardeurs pour Léandre (Étourdi I 8).

René Zindel: Des Abstraits en français et de leur pluralisation, Berne 1958.

3. Syntaxe de l'adjectif.

Dans quelques cas, un adjectif épithète, en français moderne, a une signification nettement différente selon qu'il est antéposé ou postposé, tandis que la position était plus libre au XVIIe siècle. Ainsi, _sacré_ pouvait être antéposé dans le sens de "saint" (cf. Sacré—Cœur):

> Sacrés murs, que n'a pu conserver mon Hector! (Andromaque I 4)
> Et dans le sacré rang où sa faveur l'a mis (Cinna V 2),

et _certain_, dans la même position, pouvait avoir le sens de "sûr":

> Mercredi j'en attends de certaines nouvelles (Corneille, les
> Galeries du Palais I 6, cit. Haase §155 C).

Karl Wydler: Zur Stellung des attributiven Adjektivs vom Latein bis zum Neufranzösischen (Romanica Helvetica, vol. 53), Berne 1956.

4. Pronom personnel.

4.1. Pronom personnel conjoint.

 4.1.1. Non-emploi du pronom personnel conjoint.

  4.1.1.1. Omission du pronom.

Haase §8 cite des exemples, avec les trois personnes, de cas où le
pronom sujet est omis. Il ne s'agit pas seulement d'expressions comme Si a
et Non fais, dont le caractère archaïque est évident par ailleurs, mais
aussi de cas plus généraux:

> Mangez-vous bien, monsieur? Oui, et bois encore mieux.
> (Molière, M. de Pourceaugnac I 8, cit. Haase)
> N'avez-vous jamais vu donner la question? - Non; et ne le verrai,
> que je crois, de ma vie. (Racine, Plaideurs III 4, cit. ibid.)
> La maison à présent, comme savez de reste, / Au bon Monsieur
> Tartuffe appartient sans conteste. (Tartuffe V 4, cit. ibid.).

Il ne s'agit donc pas uniquement de formes où le verbe seul indique la
personne. - Cette absence du sujet est particulièrement fréquente chez des
auteurs archaïsants comme Scarron, Molière et La Fontaine.

  4.1.1.2. Non-répétition du pronom.

En français moderne, le pronom conjoint sujet, en cas de coordination de deux verbes, est parfois omis avec le second, mais cela suppose
une certaine cohésion entre les deux verbes qui peut être rompue de
plusieurs manières (temps différent, grande distance, etc.) (cf. Sandfeld
Les Pronoms §15: "On peut poser comme règle générale que la suppression
du pronom ôte au verbe quelque chose de son indépendance."). Au XVIIe
siècle, cette cohésion était moins facilement rompue: la suppression du
pronom était plus fréquente:

> Mais je vais employer mes efforts plus puissants, / Remuer terre
> et ciel, m'y prendre de tout sens, / Pour tâcher de trouver un
> biais salutaire, / Et vous dirai bientôt ce qui pourra se faire.
> (Étourdi V 7)
> J'y vois tant de raisons capables de défendre / L'inconsistance
> ceux qui s'en laissent surprendre, / Que je ne puis blâmer la
> nouveauté des feux / Dont envers moi Léandre a parjuré ses
> voeux, / Et le vais voir tantôt, sans haine et sans colère
> (ibid. V 8)
> je sais mes perfidies, / OEnone, et ne suis point de ces femmes
> hardies / Qui (...) / Ont su se faire un front qui ne rougit
> jamais. (Phèdre III 3).

4.1.2. Accord du pronom personnel conjoint.

Vaugelas 27-29 discute l'accord de genre du pronom dans des cas comme quand je suis malade...moi, quand je la suis, en préférant déjà la syntaxe moderne. On rencontre cependant l'accord même vers la fin du siècle:

> Hélas! ma fille est folle. (Melisse:) Ah! je ne la suis point.
> (Visionnaires v. 1775)
> Je ne veux point qu'elle soit malade, encore moins qu'elle se la fasse (Bossuet, cit. Haase §7),

voire au XVIIIe siècle (Bourciez, Éléments de linguistique romane §558c).

4.1.3. Place du pronom personnel conjoint.

4.1.3.1. Place des pronoms conjoints l'un par rapport à l'autre.

Dans la première moitié du siècle, on pouvait avoir l'ordre accusatif + datif même quand le datif était à la première ou à la deuxième personne:

> Je les vous renvoie. (Malherbe, cit. Haase §154 A).

Selon Haase, cet ordre ne se trouve que chez Malherbe, Balzac et Voiture.

4.1.3.2. Place des pronoms conjoints régimes d'un impératif.

Quand deux impératifs sont coordonnés, les pronoms régis par le second impératif se mettent devant celui-ci (Haase §154 B):

> Préparez vos efforts et vous défendez bien (Étourdi I 1)
> Séparez-les, mon père, et me laissez mourir (Thébaïde V 3)
> retourne-t'en au lieu dont tu viens, et te contente de manger les savates de ta grand-mère (Sorel 68).

4.1.3.3. Place des pronoms conjoints régimes d'un infinitif.

Quand un infinitif, régi par un verbe fini, gouverne lui-même un pronom personnel conjoint, celui-ci pouvait se mettre devant le verbe fini: je le veux faire. Il y a là un des traits les plus caractéristiques de la syntaxe du XVIIe siècle par rapport au français moderne:

> Est-ce comme ennemi qu'il se vient présenter (Alexandre II 1)
> Vous direz à celui qui vous a fait venir / Que je ne lui saurais ma parole tenir (Étourdi II 10)
> la Reine lui devait vouloir plus de mal qu'à moi (La Rochefoucauld 29)
> On l'est donc allé querir (Sévigné 127).

Deux pronoms pouvaient ainsi se trouver devant le verbe fini:

> Je te le vais porter au bout de ce fer même. (Thébaïde IV 3)
> De peur que cet objet, qui le rend hypocondre, / A faire un vilain coup ne me l'allât semondre (Étourdi II 2)
> On dirait, et pour moi j'en suis persuadé, / Que ce démon brouillon dont il est possédé / Se plaise à me braver, et me l'aille conduire / Partout où sa présence est capable de nuire (ibid. V 1).

La même chose vaut pour les pronoms adverbiaux en et y:

> Trévigny, son amant, en a pensé mourir de douleur (Sévigné 115
> Je reconnus à cela qu'il en voulait faire notre amusement
> (La Rochefoucauld 27)
> La force m'abandonne et je n'y puis courir (Thébaïde II 4).

Même quand l'infinitif est lié au verbe fini par l'intermédiaire d'une
préposition, l'antéposition est possible, surtout avec venir de:

> Vous savez l'action, vous la venez d'entendre (Corneille, Hora
> V 2, cit. Galet 23)
> Je la viens de dépeindre (Voiture, cit. Haase §154 C)
> Les affaires s'achèvent de ruiher (Balzac, cit. ibid.).

Dans la plupart des textes du XVIIe siècle, on trouve cet ordre, à
côté de celui de la syntaxe moderne: Je vais donc vous déplaire, et vou
m'allez haïr (Cinna III 4). On peut cependant observer, à l'intérieur d
siècle, une évolution vers une majorité d'exemples du type moderne. Si
tient compte uniquement des cas où l'ordre des mots était libre, c'est-
où les contraintes de versification ne jouaient aucun rôle, on constate
pour trois textes du XVIIe siècle, la répartition suivante (selon Yvett
Galet):

	Corneille Clitandre 1632		Corneille Pertharite 1651		Racine Bérénice 1670	
	ordre ancien	ordre moderne	ordre ancien	ordre moderne	ordre ancien	o moe
exemples	36	23	21	37	16	
%	61	39	36	64	19	

Cette répartition montre le développement, non seulement d'un auteur à
l'autre, mais aussi à l'intérieur de l'oeuvre d'un seul auteur. Il y a
on constate que les auteurs du XVIIe siècle, sur ce point, se corrigent
d'une édition à l'autre (cf. les nombreuses corrections de Corneille da
l'édition de 1660, comme dans La Place Royale I 2: Un de mes amants vie
qui pourrait nous distraire pour ...qui nous pourrait distraire).

En 1647, Vaugelas penchait encore pour l'ancien ordre des mots (pp.
376-77), "parce qu'il est incomparablement plus usité". En français
moderne, cet ordre se retrouve toujours, surtout chez des auteurs
archaïsants (Gide, Duhamel, Henriot).

L'ancien ordre des mots menait à des équivoques avec falloir, dans
cas où l'accusatif et le datif ne sont pas distincts (1ère et 2e person

-----

1) relevé d'après l'édition de 1697.

Et s'il te faut chercher, ce n'est qu'entre les morts
(Alexandre IV 1)
Pour plaire à votre épouse, il vous faudrait peut-être / Prodiguer
les doux noms de parjure et de traître (Andromaque IV 5).

On acceptait donc cette équivoque, de même qu'on l'accepte en français
moderne dans les cas où l'ordre pronom conjoint + verbe fini + infinitif a
été maintenu, savoir avec les verbes faire, laisser, envoyer et verbes de
sensation: je te fais écrire.

Yvette Galet: L'Évolution de l'ordre des mots dans la phrase française de
1600 à 1700 (Publications de la Faculté des Lettres et Sciences Humaines de
Rennes), Paris 1971.

4.2. Pronom personnel disjoint.

Le non-emploi du pronom personnel conjoint (§4.1.1.) a pour corollaire
une syntaxe plus libre du pronom disjoint, celui-ci pouvant s'employer sans
être repris ou anticipé par un pronom conjoint:

4.2.1. Non-reprise du pronom sujet: Cette construction est toujours
possible en français moderne, si un autre membre s'intercale entre le
sujet et le verbe ou en cas de coordination du pronom sujet avec un
substantif (Sandfeld, Les Pronoms §§58-59), mais elle était plus fréquente
au XVIIe siècle (Haase §11 B):
Et toi seule verses des larmes (Thébaïde V 1).

4.2.2. Non-anticipation du pronom disjoint: Il faut noter l'absence
fréquente d'un pronom conjoint avec certains verbes, surtout parler, qui
se construit alors comme en ancien français (Haase §11 A):
Ton maître te fait signe, et veut parler à toi (Étourdi I 8)
il songea que celui qui parlait à lui pouvait être un Démon
(Sorel 85).

4.3. Pronom personnel réfléchi.

On employait dans une plus large mesure qu'aujourd'hui le pronom soi
en parlant de personnes déterminées (Haase §13):
Je l'aime, (...) / Charmant, jeune, traînant tous les coeurs
après soi (Phèdre II 5)
Gnathon ne vit que pour soi (La Bruyère 329).

4.4. Pronom personnel neutre.

Au XVIIe siècle, il n'y avait pas entre les emplois d'_il_, _ce_ et _ce_
la distribution relativement stricte que nous connaissons en français
moderne, où _ce_ s'emploie, à la quasi-exclusion d'_il_, comme sujet avec
être: c'est joli, tandis qu'avec les autres verbes, on a _cela_: cela me
et qu'un domaine favori d'_il_ est constitué par l'emploi comme sujet
apparent avec un adjectif attribut: il est facile de le faire. Au XVII
siècle, les trois pronoms étaient moins spécialisés, et la description
de leur emploi prendra ainsi naturellement la forme d'un relevé, pour
chaque pronom, des emplois qui aujourd'hui sont assurés par les deux
autres.

4.4.1. il

4.4.1.1. emploi d'_il_ (où le fr. mod. emploie _ce_): sujet avec
verbe **être**:

> Vous vous moquez peut-être? (Iélie:) Il est trop véritable.
> (Étourdi II 6)
> Que votre fille vienne et nous le saurons d'elle. / (Ariste:)
> Sire, il est à propos, il faut que je l'appelle (Tristan V 3)

4.4.1.2. emploi d'_il_ (où le fr. mod. emploie _cela_): sujet ave
verbe **être**:

> Si tu m'es inflexible, / Je m'en vais me tuer. (Mascarille:)
> il vous est loisible (Étourdi II 6)
> il y aurait bien à causer sur tout cela; mais il est impossib
> par lettre. (Sévigné 145),

mais aussi avec d'autres verbes:

> Ma fille, s'il se peut, retenez votre frère (Thébaïde II 3).

4.4.2. ce

4.4.2.1. emploi de _ce_ (où le fr. mod. emploie _il_): dans quelq
cas particuliers, où le français moderne emploie _il_ comme sujet en deh
de la règle générale, par exemple dans le tour quoi qu'il en soit (Haa
§20 A):

> Quoi que c'en soit, ces rêveries là contiennent des choses qu
> jamais personne n'a eu la hardiesse de dire. (Sorel 62).

Dans cette expression, Vaugelas 322-23 préfère _il_, "beaucoup plus en
usage aujourd'hui, et plus doux".

- 15 -

4.4.2.2. emploi de ce (où le fr. mod. emploie cela): en ancien
français, ce avait les fonctions du fr. mod. cela, qui ne date que du XIVe
siècle. Un reste de cet état est l'emploi de ce dans des exemples comme le
suivant:

Quoique pourtant, ce semble, accablé sous le nombre, / Je n'ai pu
me résoudre à me cacher dans l'ombre (Alexandre IV 2),

type qui existe toujours en français moderne.

A cela il faut ajouter des emplois de ce en dehors de la position
sujet (Haase §18 B-E):

Ah! ce dit l'un, je te supplie de m'aider à m'ôter d'ici (Sorel 80)
Timon, ce m'a-t-il dit, lors qu'il m'a vu paraître (Tristan IV 3).

4.4.3. cela

4.4.3.1. emploi de cela (où le fr. mod. emploie il): comme sujet
apparent avec un adjectif attribut, cela s'emploie encore en français
moderne, mais, au XVIIe siècle, cet emploi était plus répandu (Haase §20B):

Cela serait injuste de vous tuer (Pascal, cit. Haase).

4.4.3.2. emploi de cela (où le fr. mod. emploie ce): dans la
même situation syntaxique, mais avec un substantif comme attribut, le
français moderne emploie normalement ce. Au XVIIe, on avait plus souvent
cela (Haase §20B):

Cela est une vérité que la doctrine doit être soutenue par les
miracles (Pascal, cit. Haase).

4.5. Adverbes pronominaux en et y.

Ces formes s'employaient souvent en parlant de personnes, non seulement

en:

J'en dépouille, madame, et la haine et le titre (Alexandre V 2)
et n'ayant jamais rien mérité de lui qu'une sorte d'estime qui
n'était pas propre à m'en faire aimer, la Reine lui devait vouloir
plus de mal (La Rochefoucauld 29),

mais aussi y:

Dieux, Sabine le suit! Pour ébranler mon coeur, / Est-ce peu de
Camille? y joignez-vous ma soeur? (Horace II 6)
Par rapport à lui, qu'on ne peut connaître sans s'y attacher
(Sévigné, cit. Haase §10 II).

Selon J. Pinchon, la différence entre les deux époques tient cependant
surtout à l'étendue, au XVIIe siècle, de de avec le complément d'agent
(§17.1.1.2.).

Jacqueline Pinchon: Les pronoms adverbiaux en et y (Publications romanes
et françaises CXIX), Genève 1972.

5. Pronom possessif.

Il arrivait plus fréquemment qu'en français moderne qu'un pronom tonique s'emploie avec détérminant (Haase §17):

ce mien camarade (Corneille, Clitandre II 7, cit. Haase).

6. Pronom démonstratif.

6.1. Inventaire des formes.

On rencontre encore sporadiquement la forme cettui (cestui, cettuy), surtout chez La Fontaine (Haase §23 A):

Les moutons de ce pays-là sont plus mauvais que les loups de cettui-ci (Balzac, cit. Haase).

6.2. Distribution des formes.

On peut trouver un exemple, au début du siècle, avec celui en emploi adjectival:

Au pied d'une requête présentée par celui Loup à M. le lieutenan' d'Aix (Malherbe, cit. Haase §23).

Cettuy dans la même fonction:

Cettui Richard était juge dans Pise (La Fontaine, cit. Haase §23

6.3. -ci, -là

On employait plus souvent qu'en français moderne les adverbes -ci et là devant une relative restrictive (Haase §24 B):

il n'est point de punition plus rigoureuse que celle là qu'ils eurent (Sorel 87).

7. Pronoms interrogatif et relatif.

L'évolution de la syntaxe de ces pronoms, depuis le XVIIe siècle, est caractérisée par une forte tendance analytique. Par là nous voulons dire qu'à un élément (pronom) simple au XVIIe siècle correspond très souvent, en français moderne, un élément double (deux pronoms, article + pronom, préposition + pronom).

7.1. qui (que)->fr. mod. ce qui (ce que)

7.1.1. emploi relatif (Haase §35 A):

Voilà où nous en sommes, qui est un état si avantageux que la joie n'en est point entière; (Sévigné 142)
Il y a sept mois que je n'ai joué, qui était une nouvelle assez importante que j'avais oublié à vous dire (Voiture, cit. Haase)

7.1.2. emploi interrogatif (Haase §42):

Apprends-moi cependant qu'est devenu ton maître (Corneille, Suite du Menteur V 1, cit. Haase).

7.2. qui ->fr. mod. qu'est-ce qui (emploi interrogatif):

Qui te rend si hardi de troubler mon breuvage? (La Fontaine I, 10).

7.3. qui ->fr. mod. lequel (emploi relatif, régime de préposition) (Haase §32):

Et contre cet amant je sais un coup fourré / Par qui je veux qu'il soit de lui-même enferré (Étourdi III 5)
Un crime par qui Rome obtient sa liberté! (Cinna III 1)
une douce chose de qui par une rencontre fatale l'on trouve le nom dans celui que vous portez (Sorel 69)

7.4. quoi ->fr. mod. lequel (emploi relatif, régime de préposition) (Haase §34):

tous ces millions de quoi l'Italie est la recéleuse (La Rochefou= cauld 20)

7.5. quel ->fr. mod. lequel (emploi interrogatif) (Haase §41 C):

C'est une faible ruse. / J'en songeais une. (Lélie:) Et quelle? (Étourdi I 2)

7.6. où → fr. mod. préposition + pronom:

    7.6.1. emploi relatif: où → fr. mod. préposition + <u>qui</u> (animé) ou <u>lequ</u>
(inanimé) (Haase §38 A-B):

> Vous avez vu ce fils où mon espoir se fonde? (Étourdi IV 2)
> Je descends dans ma tombe où tu m'as condamnée (Cinna III 4)
> Et l'unique faveur, mon frère, où je prétends, / C'est qu'il me
> soit permis de vous voir plus longtemps. (Thébaïde II 3)

    7.6.2. emploi interrogatif: où → fr. med. préposition + <u>quoi</u> (Haase §
> Il [notre esprit] se ramène en soi, n'ayant plus où se prendre
> (Cinna II 1).

7.7. dont → fr. mod. <u>ce dont</u> (emploi relatif; cf. 7.1.) (Haase §37 C-D):
> Madame la Duchesse a remis la partie à dimanche prochain, dont
> j'ai une fort grande joie (La Bruyère 647-48)
> c'est dont je réponds à Votre Altesse (ibid. 639).

7.8. dont → fr. mod. <u>d'où</u> (emploi relatif) (Haase §37 A):
Vaugelas 344, après Malherbe, établit la distinction entre <u>la maison</u>
<u>il est sorti</u> (sens local) et <u>la maison dont il est sorti</u> (descendance).
rencontre souvent <u>dont</u> dans la première de ces deux fonctions:
> en Egypte, dont elle n'était point partie (Andromaque, Seconde
> Préface)
> il se fit un grand trou à la tête, dont il sortit tant de sang
> rel 74)

7.9. dont → fr. mod. <u>de + lequel</u> (emploi relatif) (Haase §37 B):
Au XVIIe siècle, il était possible de se servir de <u>dont</u> même quand l
substantif qui s'y rattachait était régi par une préposition:
> L'objet de votre amour, lui, dont à la maison Votre imposture
> enlève un puissant héritage (Molière, Le Dépit amoureux II 1, c
> Haase) ("...a la maison duquel...").

7.10. que → fr. mod. <u>où</u> (emploi relatif) (Haase §36 A):
Ce cas n'est pas analytique comme les précédents, en ce sens qu'il
présente pas une dissolution en plusieurs éléments directement observab
Il les rejoint cependant si l'on interprète l'évolution synthétique - a
lytique comme représentant un passage de l'abstrait au concret. <u>Que</u> est
effet un des éléments les plus universels et abstraits de la langue, ta
que le domaine d'<u>où</u> est plus spécialisé et concret.
> Et, dans l'instant fatal que ce frère inhumain / Lui veut ôter
> fer qu'il tenait à la main, / Il lui perce le coeur (Thébaïde
> dans le temps que mon affection et mon autorité paraissaient à
> l'envi dans toute l'étendue de ma charge (La Rochefoucauld 32)

Quant à la concurrence que - où en français moderne, voir par exemple
Togeby, Fransk Grammatik §303,1 et Fransk Syntaks §107,6-7.

8. Pronoms indéfinis.

Le problème de la délimitation des pronoms indéfinis est loin d'être
résolu. De l'inventaire traditionnel (Fransk Syntaks §109 ss), nous
éliminerons autre, même et seul, que nous considérons comme des adjectifs,
et personne et rien (mais non aucun et nul, à cause de leur emploi comme
déterminants), qui seront traités dans le chapitre sur la négation (§16.4.4).
Nous distinguerons d'abord les pronoms positifs et négatifs, pour procéder
ensuite alphabétiquement à l'intérieur de chaque catégorie.

8.1. Pronoms positifs.

certain: Le XVIIe siècle se distingue du français moderne par un emploi
plus étendu de certain sans article au singulier:
    Pour mettre en mon pouvoir certaine égyptienne (Étourdi V 4).

chaque, chacun: Souvent, on trouve chacun précédé de l'article indéfini:
(Haase §47 B):
    Dans l'esprit d'un chacun, je le tue aujourd'hui (Étourdi II 1)

maint: Ce pronom présente des écarts notables par rapport au français
moderne, où il est toujours un pronom conjoint, lié à un substantif: maint
livre. Au XVIIe siècle, c'était plutôt l'inverse: Vaugelas 151 dit que
maint adjectif "n'est que pour les vers, et encore y en a-t-il plusieurs
qui n'en voudroient pas user". Malherbe, Th. Corneille et Richelet se
prononcent dans le même sens (Haase §54 C, Rem. III). L'emploi le plus
étendu était, semble-t-il, celui de maint + de partitif: Maint d'entre vous
(La Fontaine, cit. Haase).

quelque: Ce pronom s'employait aussi en acception exclamative: Quelque s
(Étourdi IV 6).

Le syntagme quelque chose n'avait pas encore fondu en un pronom indé
pendant comme en français moderne: ce quelque chose. Il se construisait
le féminin, et un adjectif était ajouté sans l'intermédiaire de de:

>S'il s'agissait.....De quelque chose importante (La Fontaine, c
>Haase §48 C).

Toutefois, la construction moderne existait déjà:

>et je serais au désespoir de vous pouvoir mander quelque chose
>d'approchant. (Sévigné 109).

tel: De même que certain, ce pronom pouvait s'employer, plus souvent qu'
jourd'hui, sans article:

>L'amour qui me portait eut sur lui tel pouvoir (Corneille, Oedi
>II 3, cit. Haase §57 II).

tout: Nous traitons tout ici, parce qu'il se distingue des adjectifs
ordinaires soit par l'ordre des mots: tout le livre, soit par l'emploi
comme déterminant: tout livre. La syntaxe de tout au XVIIe siècle se
distingue de l'usage moderne sur plusieurs points dont voici les
principaux:

a) d'une façon générale, tout était d'un emploi plus répandu au XVIIe s
pouvant s'employer avec un adverbe de temps: tout hier, de même qu'avec
chacun: tout chacun (Haase §46, Rem. II).

b) tout + déterminant + substantif pouvait, encore au XVIIe siècle, êtr
employé avec sens concessif:

>Mais il me reste un fils; et je sens que je l'aime / Tout rebe
>qu'il soit, et tout mon rival même (Thébaïde III 6).

Dans cette fonction, tout ne se construit guère aujourd'hui qu'avec un
adjectif ou un substantif sans déterminant.

c) l'accord de tout "semi-adverbe": elle est toute pâle était plus
fréquent au XVIIe siècle. Il se faisait aussi devant voyelle:

>Cela est une façon d'agir toute extraordinaire (Sévigné 97)
>Sont-ils morts tous entiers avec leurs grands desseins? (Cinn
>Il faudrait épuiser des contrées toutes entières (Vaugelas, c
>Haase §46).

Il était ainsi impossible de distinguer l'emploi comme attribut indire
et l'emploi comme "semi-adverbe":

>elles sont toutes étonnées (Haase §46).

Haase exagère cependant quand il dit que tout "était adjectif dans
l'ancienne langue et l'est encore au XVIIe siècle dans toutes les con
tions où la langue actuelle en fait un adverbe". Surtout au masculin,
trouve la forme invariable, non seulement à la fin du siècle, mais au

par exemple, chez Mathurin Régnier:

> Ces fleuves sont encor tout enflés de leurs larmes (cit. Andersson 29).

Les règles actuelles ont été fixées par l'Académie.

Sven Andersson: Nouvelles études sur la syntaxe et la sémantique du mot français _tout_, Études romanes de Lund XIV, Lund-Copenhague 1961.

8.2. Pronoms négatifs.

aucun: A la plus grande liberté flexionnelle d'_aucun_, qui, au XVIIe siècle, se mettait facilement au pluriel (Haase §50):

> Enfin nos ennemis ne gardent plus aucunes mesures (Sévigné 138),

correspondait une plus grande liberté syntaxique. _Aucun_ pouvait ainsi s'employer absolument, sans référence au contexte précédent:

> Que chacun se retire, et qu'aucun n'entre ici. (Cinna II 1).

Son emploi avec sens positif "quelque" était également plus étendu qu'en français moderne, non seulement en interrogation:

> Avons-nous seulement aucun lieu de retraite (...)? (Tristan II 3),

mais même en dehors de cette restriction:

> d'ailleurs homme d'honneur en aucune façon (Scarron, cit. Hellgrewe 19).

nul: _Nul_ était soumis, au XVIIe siècle, quant à l'emploi positif "quelque", à des conditions qui ressemblent à celles qui valent pour _aucun_ aujourd'hui, ainsi avec une négation dans la principale: _Vaquer à nul ouvrage n'est mon talent_ (La Fontaine, cit. Haase §52 B). Notons cependant que _nul_ s'employait dans cette acception, également en interrogation: _T'ai-je jamais refusé nulle chose?_ (id., cit. ibid.)

9. Noms de nombre.

9.1. Nombres cardinaux.

9.1.1. On employait souvent *et* pour lier les unités aux dizaines (même en dehors de *un* et *onze*):

> jusques aux lieux où l'on peut aller dans les vingt et quatre heures (Corneille, La Veuve, Au lecteur)
> C'est un homme entièrement achevé, et qui dès l'âge de vingt et deux ans fut estimé sage (Balzac, cit. Haase §55 I).

9.1.2. Il faut noter l'emploi du système vicésimal dans *six-vingts*: (Haase §55 II):

> Je m'estime heureux d'être à six-vingts lieues de ces gens-là (Balzac, cit. Haase).

9.2. Nombres ordinaux.

La différence la plus importante par rapport au français moderne est qu'on pouvait, au XVIIe siècle, se servir des ordinaux pour désigner les souverains, au-delà du premier (Haase §56):

> Louis onzième (La Bruyère 637)
> du roi Henri second (ibid. 653).

10. Mode.

10.1. Propositions principales.

L'emploi du subjonctif en principale, soumis aujourd'hui à des restrictions très importantes, était, sur quelques points, plus libre au XVIIe siècle:

personne: On pouvait employer le subjonctif dans des formules de souhait, en dehors de la 3e personne, non seulement dans l'expression je meure! (Étourdi I 6), mais aussi ailleurs:

Je sois exterminé, si je ne tiens parole (Dépit amoureux IV, 3, cit. Haase §73 A) (où toutefois des éditions ultérieures présentent Que sois-je exterminé...).

temps: Le subjonctif se trouve en dehors du présent, mais les exemples sont assez rares:

Pandolfe qui revient! fût-il bien endormi! (Étourdi II 4).

sujet: On peut trouver le subjonctif avec, en principe, n'importe quel sujet (tandis qu'en français moderne il s'agit surtout d'un nom propre religieux: Dieu, Le Ciel, etc.), mais, là encore, les exemples sont rares:

Damis a fait son temps, d'autres fassent le leur (La Fontaine, cit. Haase §73 A).

10.2. Propositions subordonnées.

10.2.1. Propositions interrogatives indirectes.

On peut trouver le subjonctif avec les interrogations partielles, si le verbe régissant est ou bien un verbum intelligendi avec négation:

Je ne puis jamais comprendre comme...je puisse vous laisser sept ou huit mois sans vous dire un mot (Sévigné, cit. Haase §74)

ou bien importer + négation:

Il n'importe en quel lieu on fasse bien (Racine, cit. Schreinecke 42).

C'est dans ce dernier cas qu'on retrouve des traces du subjonctif en français moderne (Togeby, Fransk Grammatik §423).

10.2.2. Propositions relatives.

La syntaxe modale des relatives se distingue peu de celle du français
moderne. Au XVIIe siècle, on trouve plus souvent qu'en français moderne,
l'indicatif après un antécédent superlatif (superlatif authentique ou seul):

le mieux que je pouvais faire était de me reposer (La Bruyère 63)
Le pire des États, c'est l'État populaire. / (Auguste:) Et
toutefois le seul qui dans Rome peut plaire. (Cinna II 1).

En outre, les relatives concessives avec antécédent pronominal, et
plus particulièrement le type quelque...que, pouvaient avoir l'indicatif:

De quelque côté que vous jetez les yeux, vous trouvez des biens
présents (Balzac, cit. Haase §75 B).

10.2.3. Propositions complétives.

Il est naturel de diviser ce chapitre en deux, selon la direction
qu'a prise l'évolution: vers l'indicatif ou vers le subjonctif.

10.2.3.1. vers l'indicatif.

a) verba intelligendi: Le trait le plus important de l'évolution
de la syntaxe modale depuis le XVIIe siècle est la disparition du subjonctif
des complétives régies par un verbe d'opinion affirmatif. L'exemple
le plus célèbre du subjonctif au XVIIe siècle est celui du Menteur de
Corneille (I 4):

La plus belle des deux, je crois que ce soit l'autre.

Autres exemples:

Ils pensent que ce soit une sainte en extase (Balzac, cit. Haase
§80)
Vous croyez que ce soit une fille, véritablement vous êtes bien c
que: car c'est un garçon que l'on a fait ainsi déguiser (Sorel 76
Tous présument qu'il ait un grand sujet d'ennui (Cinna IV 4)
Vous avez été autrefois dans une cabale où il n'en fallait rien
diminuer; mais je pensais que vous sussiez qu'on l'avait rendue
un peu moins terrible (Sévigné, cit. Jacobsen 54).

A l'intérieur du siècle, il y a une évolution graduelle vers l'indicatif.
Dès 1607, Maupas dit Il pense que l'on le craint ou craigne (cit. Giorgin
310). Après le XVIIe siècle, on ne trouve plus le subjonctif (en dehors
des cas avec négation) qu'exceptionnellement (Togeby, Fransk Grammatik
§448).

b) il me semble que: Ce type, proche du précédent, pouvait égale
ment être suivi, plus fréquemment qu'en français moderne, du subjonctif:

Il me semble que vous vous ridiez (Malherbe, cit. Haase §80,
Rem. III).

10.2.3.2. vers le subjonctif.

a) verba affectuum: C'est l'autre grand développement modal, la contre-partie de celui des verbes d'opinion. Il s'agit, encore une fois, d'une évolution au cours du siècle: l'indicatif est encore très courant au début du XVIIe siècle, tandis que c'est le subjonctif qui domine vers la fin. Exemples de l'indicatif:

> Je m'étonne que vous me dites cela dans votre lettre (Voiture, cit. Haase §78)
> L'ambassadeur d'Espagne...regrettait que tout cela ne se faisait en la présence du prince d'Espagne. (Malherbe, cit. ibid.).

b) dans certaines propositions sujets, aujourd'hui normalement au subjonctif, on trouve des exemples d'indicatif: avec il semble que (cf. il me semble que p. 24), il suffit que, il se peut que:

> Il semble que la logique est l'art de convaincre de quelque vérité (La Bruyère 85)
> Il suffit que l'on est contente du détour (Molière, Les Femmes savantes I 4).

10.2.4. Propositions adverbiales. Dans quelques cas, le XVIIe siècle a la possibilité des deux modes, tandis que l'évolution ultérieure est allée vers le subjonctif:

10.2.4.1. propositions concessives: quoique, bien que, encore que:

> La mienne, quoique aux yeux elle n'est pas si forte, / N'en quitte pas sa part (Molière, L'École des Femmes IV 9, cit. Klare 256)
> Examinons la chose avec équité, bien qu'en matière de langage il suffit que plusieurs des meilleurs juges de la langue rejettent une façon de parler (Vaugelas, cit. ibid. 264)
> Mme la comtesse de Moret est toute à la dévotion, encore qu'elle ne peut persuader beaucoup de gens que ce soit à bon escient. (Malherbe, cit. ibid. 270).

10.2.4.2. jusqu'à ce que:

> tout le mal qu'il me put faire fut de retarder l'expédition que j'avais désirée, jusqu'à ce que mes blessures m'empêchèrent de m'en prévaloir. (La Rochefoucauld 28).

10.2.4.3. sans que: On trouve assez souvent l'indicatif au XVIIe siècle, mais il faut remarquer que c'est avec sans que dans le sens de si ce n'est (était) que:

> Sans que mon bon génie au-devant m'a poussé, / Déjà tout mon bonheur eût été renversé (Étourdi I 9)
> Je vous le dirais plus souvent...sans que je crains d'être fade (Sévigné, Haase §82 A).

11. Temps et aspect.

11.1. Temps et aspect de l'indicatif.

11.1.1. Avec les verbes modaux, surtout <u>devoir</u>, l'imparfait était parfois employé avec la valeur d'un conditionnel:

> Et cet homme sur vous ayant ces avantages, / Le pousser est encor grande imprudence à vous, / Et vous deviez chercher quelque biais plus doux. (Tartuffe V 1, cit. Peter Berg 22),

ou d'un conditionnel passé:

> Ah! Monsieur, vous deviez le dire plus tôt (Sévigné 137)
> Vous ne deviez jamais m'y faire consentir (Tristan V 2).

11.1.2. Inversement, après <u>si</u>, le conditionnel était possible où l'imparfait est de règle en français moderne (Haase §66 C):

> Je meure si je saurais vous dire qui a le moins de jugement. (Malherbe, cit. Haase).

Pour de tels exemples du conditionnel en français moderne, voir Sandfeld, Les Propositions subordonnées §209.

11.2. Temps et aspect du subjonctif.

L'<u>imparfait du subjonctif</u> pouvait être employé dans la complétive, non seulement après un conditionnel:

> J'aurais même regret qu'il me quittât l'empire (Thébaïde IV 1),

mais aussi quand le verbe de la principale était au présent ou au futur:

> L'amour, qui a d'ordinaire tant de part dans les tragédies, n'en a presque point ici; et je doute que je lui en donnasse davantage si c'était à recommencer (Thébaïde, Préface)
> Mais croyez-vous qu'un prince enflé de tant d'audace / De son passage ici ne laissât point de trace? (Alexandre I 2)
> Mais de peur que le peuple accourût à son aide, / (...) Il faudra s'y conduire avec beaucoup d'adresse (Tristan III 3).

Le français moderne se servirait ici ou bien du conditionnel ou bien du présent du subjonctif.

12. Verbes auxiliaires.

Quant à l'emploi d'__être__ et d'__avoir__ comme auxiliaires des verbes intransitifs, l'évolution du français se caractérise par une nette __polarisation__:
tandis qu'aujourd'hui peu de verbes se construisent avec les deux
auxiliaires, il y avait, au XVIIe siècle, davantage de cas où __être__ et __avoir__
se faisaient concurrence. Nous subdivisons ces cas d'après la direction qu'a
prise, après le XVIIe siècle, l'évolution.

12.1. vers __être__:

__12.1.1.__ verbes de mouvement: __entrer__, __sortir__, __descendre__ et __monter__, qui,
en français moderne, en emploi intransitif, ne se construisent guère
qu'avec __être__, pouvaient se conjuguer avec __avoir__; cf. la citation suivante
de Vaugelas: "Plusieurs disent __il a esté jusqu'à la porte, mais il n'a pas__
__entré, mais il n'a pas sorty,__ au lieu de dire, __mais il n'est pas entré, mais__
il n'est pas sorty. De mesme ils disent __il a monté, il a descendu,__ pour
__il est monté, il est descendu.__" (pp. 435-36):

> On n'a point entré aujourd'hui à la chambre, à cause de la maladie
> de la Reine (Sévigné 122).

__12.1.2.__ __passer.__ Nous citons ce verbe avec une certaine réserve, car l'emploi d'__avoir__ est loin d'être exclu en français moderne. Il était cependant
encore plus répandu au XVIIe:

> j'avais passé dans quelque rue où il y avait des logis suspects
> (La Rochefoucauld 24)
> et j'attends quelquefois que nous ayons passé à des choses
> nouvelles (La Bruyère 633)
> Et jusqu'ici, Canope, il a passé pour sage (Tristan II 2)
> Cette action d'Alexandre a passé pour une des plus belles que ce
> prince ait faites en sa vie; (Alexandre, Seconde Préface).

12.2. vers __avoir__:

Quelques verbes de mouvement, ainsi __courir__:

> J'y suis courue en vain, c'en était déjà fait (Thébaïde V 2).

13. Infinitif.

13.1. Emploi verbal.

L'infinitif pouvait figurer dans une proposition nominale dans des cas où ce n'est plus possible:

Mais les voici venir. (Étourdi V 9).

13.2. Emploi nominal.

13.2.1. L'infinitif sujet.

13.2.1.1. Le trait de plus frappant est la fréquente absence de préposition indice de l'infinitif là où le français moderne emploie de:

a) avec un substantif ou un infinitif comme attribut (Haase §86 A) (ici, le français moderne emploie le plus souvent que de):

C'est crime qu'envers lui se vouloir excuser (Corneille, Horace V 2, cit. Haase)
Ah! c'est m'assassiner que me sauver la vie! (Thébaïde V 6).

b) parfois avec les verbes convenir et plaire (Haase §86 B):

N'est-ce pas par le père qu'il convient commencer? (Molière, Le Malade imaginaire II 5, cit. Berg 32)
en la manière qu'il lui plaira se communiquer (Pascal, cit. Haase)

Vaugelas pp. 355-57 établit une distinction entre il me plaist de le faire ("volonté absolue") et il luy a pleu me faire une grace ("quand on s'en sert en termes de civilité, de respect et de courtoisie").

13.2.1.2. Dans le tour c'est à moi à / de..., le XVIIe siècle préfère à, le français moderne de (pour une éventuelle différence de sens, voir Grevisse §923,3 et Sandfeld, L'Infinitif §37,3):

C'est à vous à régler ce qu'il faut que je fasse; / C'est à vous, Émilie, à lui donner sa grâce; (Cinna III 3)
Est-ce au peuple, madame, à se choisir un maître? (Thébaïde II 3)

13.2.2. L'infinitif objet.

13.2.2.1. Ici encore, le trait le plus voyant est la fréquente absence de préposition indice de l'infinitif, avec des verbes comme prier et feindre (Haase §87):

> Je vous prie, Madame, me tant obliger que de mettre en votre paquet la dépêche. (Balzac, cit. Haase)
> Feindre avoir vu son fils en une autre contrée, / Pour vous donner chez lui plus aisément entrée? (Étourdi IV 6)
> ce misérable Amant / Qui feint ne me point voir pour dire son tourment (Visionnaires 1350)

On pouvait employer ne faire que dans le sens du fr. mod. ne faire que de:

> Holà! ne pressez pas si fort la cadence; je ne fais que sortir de maladie (Molière, Les Précieuses ridicules 12, cit. Grevisse §655, 8).

13.2.2.2. Il peut s'agir aussi d'un changement de préposition. Tâcher se construisait plus souvent qu'aujourd'hui avec à:

> Il tâche à raffermir leurs âmes ébranlées. (Cinna IV 1)
> Je tache à profiter de cette occasion. (Étourdi V 1).

Il en est autrement d'un verbe comme montrer, qui, au XVIIe siècle, pouvait se construire avec de:

> car il eut quelque honte de montrer ses vices à celui qui montrait encore de ne lui en croire point (La Rochefoucauld 23)
> Vous buviez sur son reste, et montriez d'affecter /Le côté qu'à sa bouche elle avait su porter. (Étourdi IV 4).

Quand montrer est suivi d'un infinitif en français moderne, l'infinitif est introduit par à, mais la construction est tout autre (montrer a le sens d'enseigner): je lui montre à le faire. Cette construction avec à existait d'ailleurs aussi au XVIIe siècle:

> Ce maître va montrer à chanter, à jouer du luth (Furetière, cit. Cayrou).

13.2.3. L'infinitif deuxième terme de comparaison.

Après un que comparatif, on employait souvent, au XVIIe siècle, l'infinitif sans indice:

> A nos propres malheurs il vaut mieux consentir, / Que lui déplair encore et que le démentir. (Tristan IV 5)
> Subjuguer toute l'Asie; cela est bien plus grand qu'entrer en Italie, et être obligé d'en sortir honteusement (Fénelon, cit. Haase §88).

13.2.4. L'infinitif régime de préposition.

13.2.4.1. de

a) Avec les verbes <u>contraindre</u>, <u>forcer</u> et <u>obliger</u>, où le français
moderne, à l'actif, emploie normalement <u>à</u> (tandis que <u>de</u> est de règle au
passif), on se servait très souvent de <u>de</u>:

> la manière des payements qu'il nous avait contraints d'accepter
> (La Rochefoucauld 26)
> Il m'échappe: suivons, et forçons-le de voir / Qu'il peut, en
> faisant grâce, affermir son pouvoir (Cinna IV 3)
> A table, où Trufaldin l'oblige de se seoir (Étourdi IV 4).

b) Il en est de même de verbes comme <u>engager</u>, <u>inviter</u> et <u>résoud</u>
(Haase §112,2):

> Un jeune Turc...nous a invités d'y entrer (Molières, Les Fourbe
> de Scapin II 7, cit. Haase)
> Vous...m'engagez d'entrer dans cet éclaircissement. (Pascal, ci
> ibid.)
> Elle se résolut dès lors de ne plus vivre (Tristan V 5).

13.2.4.2. avant

Avec cette préposition, l'histoire du français présente quatre
stades chronologiques: <u>avant venir</u>, <u>avant que venir</u> (la construction la
plus fréquente au XVIe siècle), <u>avant que de venir</u> et <u>avant de venir</u>.
C'est la forme <u>avant que de venir</u> qui est la plus courante au XVIIe sièc
Elle est recommandée par Vaugelas (pp. 319-20, 570):

> Tu fus mon ennemi même avant que de naître (Cinna V 1).
> Mon ardeur inconnue, avant que d'éclater, / Par quelque grand
> exploit la voulait mériter (ibid. III 1).

Mais les autres possibilités se rencontrent aussi, surtout <u>avant que ver</u>

> Vous êtes son tyran avant qu'être son roi (Thébaïde IV 3)
> Laisse-m'en rire encore avant que te le dire (Étourdi II 11),

tandis que les constructions <u>avant venir</u> et <u>avant de venir</u> sont rares:

> Il eut le regret avant mourir de voir... (Balzac, cit. Haase §
> Avant de prendre congé de lui (La Bruyère, cit. Grevisse §762
> Togeby §700).

De même, Vaugelas préfère <u>devant que de</u>:

> et je suis honteuse d'avoir tant perdu de temps devant que de
> la faire [la lettre] (Sévigné 119)

à <u>devant que</u>:

> Devant que votre âme...m'eût déclaré sa flamme (Bajazet V 4, c
> Haase §130 A).

14. Participes.

14.1. Participe présent.

Au XVIIe siècle, on pouvait accorder le participe présent, en emploi verbal, avec le substantif auquel il se rapportait. C'était particulièrement fréquent au pluriel du masculin:

> Ne pouvans par nos soins fléchir sa violence, / Souffrons et succombons avecque bienséance; (Tristan II 2)
> S'imaginans qu'il n'y a rien qu'eux au monde,...ils ne se mettent point en peine (Balzac, cit. Haase §91 A),

mais on rencontre aussi des exemples au féminin, où l'accord est audible:

> Je vous trouve si pleine de réflexions, si stoïcienne, si méprisante les choses de ce monde. (Sévigné, Lettre de 1680, cit. Kukenheim, Les Parties du discours, p. 84).

En 1679, l'Académie décide qu'on ne doit plus décliner les "participes actifs", ce qui, bien entendu, n'empêche pas qu'on trouve des exemples de la fin du siècle: Les corps tombants de fort haut (La Bruyère, cit. Haase §91 D et Grevisse §768, Hist.).

14.2. Participe passé.

14.2.1. "La fameuse règle des participes", selon laquelle le participe passé conjugué avec avoir s'accorde avec l'objet si celui-ci le précède, a été formulée par Marot au XVIe siècle, et elle est défendue par Vaugelas pp. 175-81 et 575. Souvent, elle n'est pas respectée au XVIIe siècle:

> Elles avaient reçu à Paris les applaudissements qu'on leur à donné dans la province. (Balzac, cit. Haase §92 C)
> Dans les premières paroles que Dieu a dit à dit à l'homme depuis sa chut (Pascal, cit. ibid.)
> La moindre chose que Dieu ait fait pour l'homme. (La Bruyère, cit. ibid.)

14.2.2. Bien plus rarement, on trouve l'accord avec un objet postposé:

> Tu nous auras vaincus les astres irrités. (Rotrou, cit. Haase §92).

14.2.3. Avec les verbes pronominaux, on trouve souvent l'accord, même si le pronom réfléchi est au datif:

> Nous nous sommes rendus tant de preuves d'amour (Corneille, Mélite V 6, cit. Haase §93)
> Ils se sont imaginés qu'ils avaient droit à ma succession (Balzac, cit. ibid.).

C'est Malherbe qui formule la règle actuelle: "Pour bien parler, il faut dire: ils se sont élu des rois". (Kukenheim, Les Syntagmes, p. 74).

15. Construction des verbes.

Un grand nombre de verbes se construisaient différemment au XVIIe siècle par rapport au français moderne. Nous ne citons ici que quelques cas-type en renvoyant, pour une description détaillée de la syntaxe des verbes individuels, aux dictionnaires (voir la bibliographie).

15.1. Emploi intransitif.

Un certain nombre de verbes, par exemple <u>dire</u> et <u>faire</u>, qui, aujourd'h sont assez rarement employés sans complément, pouvaient plus facilement être intransitifs au XVIIe siècle:

> Enfin cette interrogation a duré deux heures, où M. Foucquet a très bien dit (Sévigné 134)
> Vous l'appelez? (Lélie:) Célie. (Andrès:) Hé! que ne disiez-vous? (Étourdi V 4)
> Mais surtout gardez-vous de prendre aucun souci: / Puisque je fais pour vous, que cela vous suffise; (ibid. IV 6)
> Une chose fait pour Alexandre: c'est qu'il a formé je ne sais combien de capitaines (La Fontaine, cit. Dubois-Lagane)
> Elle espère comme je fais (Sévigné 135).

A propos du dernier exemple, on peut remarquer que l'emploi de <u>faire</u> comm <u>verbum vicarium</u> était possible, au XVIIe siècle, avec n'importe quel objet: <u>On regarde une femme savante comme on fait une belle arme</u> (La Bruy cit. Haase §71 A et Blinkenberg, Transitivité 143).

15.2. Transitivité directe →transitivité indirecte.

> Et j'y pouvais un jour, sans trop croire de moi, / Prétendre, en les servant, un honorable emploi (Étourdi V 2)
> Quel était ton dessein, et que prétendais-tu / Après m'avoir au temple à tes pieds abattu? (Cinna V 1)
> Celle qui nous oblige à conspirer sa mort (Cinna III 1).

Le français moderne emploierait <u>conspirer à</u>, <u>prétendre à</u>. Une liste de quelques verbes de ce type est donnée par Haase §59.

15.3. Construction de l'attribut de l'objet.

15.3.1. Construction factitive [1]. Il y a ici plusieurs écarts par rapport au français moderne:

15.3.1.1. Quand <u>l'attribut est un substantif</u>, la construction 1 plus habituelle, au XVIIe siècle, est celle-ci: <u>faire</u> + <u>objet</u> + <u>attribut</u>

-----

1) Pour une discussion du terme "factitif", voir p. ex. Blinkenberg, Transitivité pp. 40-42. Par "construction factitive", nous entendons ici les constructions du type "il l'a rendue malheureuse", etc.

de l'objet:

> Nous verrons, quand les dieux m'auront fait votre roi, / Si ce
> fils bienheureux l'emportera sur moi (Thébaïde III 6)
> Maxime, je vous fais gouverneur de Sicile; (Cinna II 1)
> Mais je croirais trahir la majesté des rois, / Si je faisais
> le peuple arbitre de mes droits (Thébaïde II 3).

En français moderne, la construction la plus fréquente est **faire** + **de** +
objet + **attribut de l'objet**: **Il a fait de son fils un officier.** Cette
construction existait aussi au XVIIe siècle:

> Vous savez qu'Alexandre en fit sa prisonnière (Alexandre I 3).

15.3.1.2. Quand **l'attribut est un adjectif**, on emploie en
français moderne **rendre**: **il l'a rendue malheureuse.** Au XVIIe siècle, on
se servait aussi bien de **faire**:

> S'imaginant que c'est dans le seul mariage / Qu'il pourra rencon=
> trer de quoi vous faire sage (Étourdi I 2)
> des personnes m'ont reproché que je faisais ce prince plus grand
> qu'Alexandre. (Alexandre, Seconde Préface)
> j'aperçus, au travers de cette méchante finesse, qu'on lui avait
> fait mon crédit plus grand qu'il n'était (La Rochefoucauld 28).

Mais la construction moderne se rencontre aussi:

> J'irai rendre fameux, par l'éclat de la guerre, / Des peuples
> inconnus au reste de la terre (Alexandre III 6)
> Et ce coup seul aussi le rend digne de moi (Cinna I 2).

15.3.1.3. D'autre part, on pouvait employer **rendre** quand l'attribut
était un substantif (ou un adjectif substantivé):

> Avant qu'il me cherchât, un orgueil inquiet / M'avait déjà
> rendu son ennemi secret (Alexandre I 2)
> Alexandre et le temps vous rendront le plus fort; (ibid. III 3).

15.3.1.4. Enfin, **avec le pronom réfléchi**, on employait **rendre**
(tandis que la construction moderne est **se faire**):

> Il ne saurait régner sans se rendre parjure (Thébaïde IV 3)
> C'est à vous de vous rendre / L'esclave de Porus, ou l'ami
> d'Alexandre (Alexandre I 1).

En résumé, il n'y avait donc pas au XVIIe siècle la stricte distribu=
tion entre **faire** et **rendre** en construction factitive que nous connaissons
en français moderne.

15.3.2. tenir + objet + attribut de l'objet.

Cette construction pouvait se faire directement, sans l'intermédiaire
de la préposition **pour**:

> Puisque Créon la veut [la paix], je la tiens assurée. (Thébaïde
> III 4)
> Que parmi ces louis, quoiqu'ils semblent très beaux, / J'en ai,
> sans y penser, mêlé que je tiens faux (Étourdi II 5).

16. Adverbes.

16.1. Adverbes de quantité.

Au XVIIe siècle, les adverbes <u>tant-autant-beaucoup</u>, qui s'emploient aujourd'hui avec des verbes: <u>il travaille tant</u>, etc., pouvaient déterminer des adjectifs (là où le français moderne se sert de <u>si-aussi-très</u>):

> tant redevable (Malherbe, cit. Haase §98)
> Mille artifices autant indignes qu'inutiles... (Bossuet, cit. ib
> Leur savoir à la France est beaucoup nécessaire (Molière, Les
> Femmes savantes IV 3, cit. ibid.).

16.2. Adverbes de manière.

A côté de <u>comment</u>, on trouve très souvent <u>comme</u>, surtout en interrogation indirecte (Haase §43 B):

> Peut-on vous demander comme va votre dos? (Étourdi IV 6)
> Voyons comme tu sais user de la victoire. (Alexandre V 3)
> MM. de Saint-Aignan et Dangeau lui apprennent comme il s'y faut
> prendre (Sévigné 131),

mais aussi en interrogation directe:

> Comme a-t-elle reçu les offres de ma flamme?
> (Corneille, Pompée III 3)

16.3. Adverbes de temps.

Il faut noter le fréquent emploi de <u>lors</u>, où le français moderne emploie <u>alors</u> (Haase §96):

> C'est lors que les douleurs commencent à nous prendre
> (Étourdi I 5).

16.4. Adverbes de négation.

16.4.1. Négation simple.

16.4.1.1. ne → fr. mod. ne...pas:

L'emploi de la négation simple <u>ne</u>, avec plein sens négatif, ne se trouve en français moderne que dans quelques cas assez nettement déterminés (Togeby §§892-98). Au XVIIe siècle, il était plus répandu:

> je ne lui confierais l'état de ma garderobe (La Bruyère, cit.
> Haase §100 B)
> je n'entends parler d'autre chose (Sévigné 117).

Dans les cas où la possibilité, dans un style soutenu, reste ouverte à la négation simple en français moderne, à savoir avec interrogation condition, cette possibilité était bien plus souvent exploitée au XVIIe siècle:

Et qui n'admirerait un changement si rare? (Thébaïde III 6)
C'est pourtant une chose impossible, si vous ne m'accordez une
visite d'une demi-heure (Sévigné 97)
Nous allons voir beau jeu, si la corde ne rompt. (Étourdi III 7).

16.4.1.2. pas (point) → fr. mod. ne...pas (ne...point):

L'omission de la première partie de la négation qui paraît, au
premier abord, d'un style familier en français moderne, est considérée, au
contraire, comme élégante par Vaugelas 210. Elle ne se trouve pratiquement
qu'avec interrogation (Haase §101):

Me connaissez-vous pas? (Étourdi II 4)
Sais-tu pas la façon dont il trompa Lucile (...)? (Tristan II 3)
aurais-je point commis un attentat / Contre votre personne ou
contre votre État? (ibid. I 1).

16.4.2. Négation complète.

La où le français moderne, après comparatif, emploie le ne explétif,
donc sans valeur négative, on pouvait avoir ne...pas. Cet emploi de la
négation complète était cependant assez rare (Haase §102 D):

Ah! vous avez plus faim que vous ne pensez pas. (Étourdi IV 2).

16.4.3. Place de la négation.

16.4.3.1. Avec l'infinitif.

L'ordre ne + infinitif + pas (point) était plus fréquent qu'en
français moderne:

Oui, mais ce n'est pas tout que de ne parler pas; (Étourdi IV 4)
je lui en crois assez pour n'entreprendre pas de nous débiter une
si étrange doctrine; (La Rochefoucauld 19)
ne souffrir point que les hommes vivent ni oisifs, ni occupés à
des arts (Fénelon, cit. Sten 352).

Mais l'ordre moderne commence "à se faire jour" (Haase §156 D, Remª II):

il me dit que j'étais folle de ne point songer à me convertir
(Sévigné, cit. Sten 352).

Selon Vaugelas 409, "pour ne pas tomber dans les inconveniens (...) est
bien plus elegant que de dire pour ne tomber pas".

16.4.3.2. Avec pronom personnel + infinitif.

L'ordre le plus fréquent était ne + pronom + pas (point) + infinitif:

Ne les pas séparer, c'est les perdre tous deux. (Thébaïde T 5)
Ah! seigneur, puis-je ne les point voir (Alexandre IV 2)
C'est ne se point commettre à faire de l'éclat (Étourdi III 5).

On trouve également l'ordre ne + pronom + infinitif + pas (point):

je supprime toujours quantité de glorieuses vérités, pour ne me
rendre pas suspect d'étaler de ces mensonges obligeants (Cinna,
Dédicace).

16.4.4. Second membre de la négation.

Nous avons déjà mentionné (§8.2) les emplois "positifs" d'aucun et de nul. Le même emploi existait pour les autres auxiliaires de la négation dans des cas où ce n'est guère possible en français moderne:

16.4.4.1. personne

On rencontre des exemples en proposition interrogative:
N'est-il pas mieux de voir s'il vient personne? (Molière, Amphitryon III 7).

16.4.4.2. rien

Contrairement à personne et à aucun, rien ne s'emploie pas avec sens positif, en français moderne, après comparatif: il aime mieux cela rien a un sens négatif. En ancien et moyen français, on trouve l'emploi positif en construction comparative, mais, pour le XVIIe siècle, il est difficile de trouver des exemples. Il n'y a cependant pas de doute que l'emploi de rien au sens de quelque chose était plus libre au XVIIe qu'aujourd'hui, ainsi en proposition interrogative:

Dis si les plus cruels et plus durs sentiments / Ont rien d'impénétrable à des traits si charmants (Étourdi I 2)
y a-t-il rien de plus naturel (La Bruyère 82).

De même que quelque chose (§8.1), rien pouvait être suivi d'un adjectif sans l'intermédiaire de de:

Rien trop indigne de vous (Corneille, Théodore IV 5, cit. Grev §592 et Togeby §391).

Un indice de la grande étendue, au XVIIe siècle, de la fonction positive d'aucun, nul, personne et rien est leur compatibilité avec la négation complète ne...pas (point):

Ce qu'on reçoit, dit-il,...n'est point sujet à restitution par aucune justice (Pascal, cit. Haase §102 A)
Je ne me suis point encore produit nulle part (Racine, cit. i
Je ne veux point rendre de mauvais office à personne (Balzac, cit. ibid.)
Et tu n'es pas sujet de rien appréhender (Étourdi V 5)
Je ne crois pas avoir jamais rien lu de plus agréable (Sévign

En français moderne, cette compatibilité n'existe plus que pour rien, la négation composée ne...pas rien obtient alors une valeur positive: travaille pas pour rien, tandis que ne...pas rien au XVIIe siècle corr au fr. mod. ne...rien.

16.4.5. Non.

16.4.5.1. Dans les formules <u>Non fais</u> / <u>Non ferai</u> (Haase §99A), on a la dernière trace de l'emploi tonique de la négation avec <u>faire</u> employé comme <u>verbum vicarium</u>.

16.4.5.2. Au XVIIe siècle, on pouvait employer <u>non plus</u> correspon= dant au fr. mod. <u>pas plus</u>:

Il ne sera pas dit qu'en un fait qui me touche, / Je ne me sois non plus remué qu'une souche (Étourdi III 6) mais cette nouvelle bonté n'eut que de l'écorce et de l'apparence, non plus que les autres (La Rochefoucauld 27).

17. Prépositions.

17.1. Remplacement de prépositions.

Le XVIIe siècle est caractérisé par un emploi très étendu des trois prépositions les plus abstraites <u>de</u>, <u>à</u> et <u>en</u>; cf. V. Brøndal: "La différence entre le français classique et le français moderne sur ce point repose sur la fréquence relative de ces trois prépositions les unes par rapport aux autres et par rapport au reste du système. La situation est claire: les trois prépositions abstraites (et en particulier la plus abstraite de toutes: <u>de</u>) joue en français classique, c.-à-d. dans le style littéraire qui régnait à l'époque classique, un rôle encore plus grand que de nos jours." (Théorie des prépositions, pp. 100-01). Nous prendrons comme point de départ l'emploi de ces trois prépositions au XVIIe siècle.

17.1.1. de

17.1.1.1. de → fr. mod. à

Pour l'emploi de <u>de</u> avec l'infinitif, voir §13.2.4.1. Parmi les autres cas où le XVIIe siècle employait <u>de</u>, on peut citer <u>de ma (la) façon</u>:

Oui, je te vais servir d'un plat de ma façon (Étourdi II 8) Il semble, de la façon que vous parlez, que la vérité dépende de notre volonté (Pascal, cit. Haase §109).

L'adjectif <u>prêt</u> se construisait avec <u>de</u> dans le sens de "prêt à, disposé à":

Elles étaient toutes prêtes de signer (Racine, cit. Dubois-Lagane, prêt),

tandis qu'au sens de "près de, sur le point de", on trouve <u>de</u> et <u>à</u>:

On a fait contre vous dix entreprises vaines; / Peut-être que
l'onzième est prête d'éclater (Cinna II 1)
Regrettant un hymen tout prêt à s'achever (Andromaque III 1).

17.1.1.2. de →fr. mod. par (Haase §113):

Le complément d'agent était régulièrement introduit par de:

Et les difficultés dont on est combattu / Sont les dames d'atour
qui parent la vertu (Étourdi V 6)
Et puisque sans colère il [mon amour] est reçu de vous (Thébaïde
II 2)
Il [un si parfait amour] n'est su que d'Évandre et de votre Fulvie
(Cinna I 4).

17.1.1.3. de →fr. mod. avec (Haase §114):

Savez-vous de quel oeil chacun voit cet amour (Étourdi IV 3).

17.1.1.4. de →fr. mod. depuis (Haase §106):

Nous sommes de longtemps accoutumés au vice (Malherbe, cit. Haase)
Mon fils et sa femme sont à Rennes de lundi (Sévigné, cit. Dubois-
Lagane, de).

17.1.1.5. de →fr. mod. sur, quant à (Haase §110):

Ils les interrogent des discours qu'ils avaient tenus en chemin
(Pascal, cit. Haase)
De moi, j'ai suivi celui que j'ai estimé le meilleur (Balzac,
cit. ibid.).

17.1.2. à

17.1.2.1. à→fr. mod. sur:

En vain nous apprenons que Léandre est au point / De quitter la
partie et ne nous troubler point (Étourdi IV 7).

17.1.2.2. à→fr. mod. pour:

A vous pouvoir louer selon votre mérite / Je manque d'éloquence,
et ma force est petite (Étourdi II 11).

17.1.2.3. à→fr. mod. contre:

Ce traître à sa patrie, à sa maîtresse, à moi (Alexandre V 3).

17.1.3. en

En plus du spectre sémantique couvert par en, il faut remarquer le
fait syntaxique qu'au XVIIe siècle cette préposition s'employait sans
difficulté devant un article défini (adjectifs possessif et démonstratif).

- 39 -

17.1.3.1. en→fr. mod. à:

Et ce fut en cette même occasion qu'il s'écria (Alexandre, Seconde Préface)
Je n'ai point eu de part en cet enlèvement (Corneille, La Veuve IV 6, cit. Haase §126,2°D).

17.1.3.2. en→fr. mod. dans:

retourne t'en en ta chambre (Sorel 77)
D'abord ce jeune éclat qu'on remarque en ses traits (Alexandre III 3)
Mais que fera Pandolfe en toutes ces affaires? (Étourdi I 2)
n'ayant point à cette heure de passion en la tête plus violente que celle de la contenter (La Bruyère 641).

17.1.3.3. en→fr. mod. sur:

On voit en même champ vos drapeaux et les nôtres; (Alexandre II 1)
Tout le monde, en ce point, ne vous ressemble pas (Thébaïde I 5).

Si, comme le montrent les exemples, la combinaison en + déterminant se faisait plus aisément, les constructions en le et en les n'en étaient pas moins généralement évitées, comme en français moderne (Vaugelas p. 577, Haase §126,2°B).

17.1.3.4. en→fr. mod. comme:

On pouvait se servir d'en avec les verbes considérer et regarder:

Otez ce gant; touchez à Monsieur dans la main, / Et le considérez désormais dans votre âme / En homme dont je veux que vous soyez la femme. (Les Femmes savantes III 6, cit. Carin Fahlin, Zeitschrift für französische Sprache und Literatur 64, p. 471)
A celui que déjà je regarde en époux (L'Ecole des Maris II 9, cit. ibid.).

17.1.4. Il y a d'autres changements de prépositions plus isolés:

17.1.4.1. dès→fr. mod. depuis:
Contre moi dès longtemps on a force décrets (Étourdi III 4).

17.1.4.2. devant→fr. mod. avant:
La vertu a été devant la philosophie (Balzac, cit. Haase §130)
devant que de vous perdre, donnez-moi la consolation de vous mettre dans votre tort (Sévigné 97).

17.1.4.3. parmi→fr. mod. dans:
C'était madame Laurette qui le prenait pour Francion parmi l'épais= seur des ténèbres de la chambre dont elle avait éteint la lumière (Sorel 72)
Parmi la corruption de ce siècle et dans l'autorité que le vice s'y est acquise, il a la hardiesse d'être homme de bien (Balzac, cit. Haase §131 A).

17.2. Préposition ou adverbe.

Dedans, dessous et dessus, normalement adverbes en français moderne,
s'employaient souvent en fonction de prépositions, correspondant, en fran=
çais moderne, ou bien à dans, sous et sur:

> Il puise dans Sophocle, ou dedans Eurypide (Visionnaires 558)
> elle pria Olivier de se cacher dedans le foin (Sorel 81)
> Rome´est dessous vos lois par le droit de la guerre / Qui sous
> les lois de Rome a mis toute la terre (Cinna II 1)
> Qu'est-ce que dessus moi ne peut cette promesse?(Étourdi IV 6),

ou bien à une locution prépositive du type au dedans de:

> J'en voyais et dehors et dedans nos murailles; (Thébaïde II 1).

Ce n'est que dans cette combinaison, dehors et dedans, qu'on rencontre, au
XVIIe siècle, dehors dans la même fonction prépositive que les trois
autres adverbes cités (Haase §133 B).

17.3. Répétition des prépositions.

Tandis qu'en français moderne la répétition est de règle avec les
prépositions abstraites de, à et en, Vaugelas pp. 214-18, en formulant une
"reigle nouvelle et infaillible", ne fait pas de distinction entre les
différentes prépositions. Selon lui, on répète la préposition quand il
s'agit de régimes différents quant au sens: par l'amour et par la haine
dont il estoit agité, mais non quand il est question de substantifs syno=
nymes ou "approchans": par une ambition et une vanité insupportable. Exem=
ples de la non-répétition:

> Je viens de tout entendre et voir ton artifice (Étourdi I 8)
> Il me prendrait envie, en ce juste courroux, / De me battre
> moi-même et me donner cent coups. (ibid. III 8)
> En vain nous apprenons que Léandre est au point / De quitter la
> partie et ne nous troubler point (ibid. IV 7).

18. Conjonctions.

18.1. Conjonctions de coordination.

Comme les pronoms négatifs (§§8.2.,16.4.4.), ni avait, au XVIIe siècle, un emploi plus large en contexte positif, dans des cas où il correspond à ou ou à et en français moderne; ainsi, avec interrogation:

> Penses-tu, lui dit-il, que ton titre de roi Me fasse peur ni me soucie? (La Fontaine II 9, cit. Sten 304)

et après comparatif:

> Votre affection et votre estime me sont plus chères que mes écrits ni que ma réputation (Balzac, cit. Haase §140 B, Rem. II).

De même que les autres mots négatifs (§16.4.4.), ni pouvait se combiner avec une négation pleine:

> Ni le mois de novembre ni le mois de décembre ne sont point difficiles à passer à la campagne (Sévigné, cit. Haase §102 C)

et avec sans:

> Mon équipage est venu jusqu'ici sans aucun malheur ni sans aucune incommodité (id., cit. ibid. §140 B).

On omettait souvent ni avec le premier des membres coordonnés (comme cela peut arriver aussi en français moderne):

> Je n'ai pour vous rejoindre épargné temps ni peine (Étourdi V 2).

18.2. Conjonctions de subordination.

18.2.1. que

On rencontre encore au XVIIe siècle un certain nombre de conjonctions composées avec que que le français moderne ne connaît plus. Parmi les plus importantes, on peut citer:

jusqu'à tant que (—>fr. mod. jusqu'à ce que):

> elle pria Olivier de se cacher dedans le foin (...) jusques à tant que le pont levis étant abaissé, il eut le moyen de s'en aller (Sorel 81)

mais que (—>fr. mod. pourvu que):

> tu le verras, mais que tu y sois (ibid. 79)

pour ce que (—>fr. mod. parce que):

> Mais Valentin (...) ne voulut faire aucune instance pour ce qu'il ne trouvait point de manque à son bien (ibid. 87).

18.2.2. comme

Cette conjonction s'employait souvent où le français moderne se sert de que, ainsi dans des comparaisons, avec aussi, autant, etc. (Haase §139):

> Il me sera aussi facile d'embrasser ma femme puisque Dieu le veut, comme d'embrasser cet Orme de tous côtés (Sorel 69).

BIBLIOGRAPHIE.

1. Ouvrages linguistiques.

1.1. Dictionnaires.

G. Cayrou: Le français classique, Paris 1948.

J. Dubois et R. Lagane: Dictionnaire de la langue française classique, 2e éd., Paris *1)*.

1.2. Grammaires.

E. Bourciez: Éléments de linguistique romane, 4e éd., Paris 1956.

F. Brunot: Histoire de la langue française III 1-2 et IV, 4e éd., Paris 1957.

E. Gamillscheg: Historische französische Syntax, Tübingen 1957.

G. Gougenheim: Grammaire de la langue française du seizième siècle, Paris 1951.

M. Grevisse: Le bon usage, 7e éd., Gembloux-Paris 1961.

A. Haase: Syntaxe française du XVIIe siècle, 5e éd., München-Paris 196

L. Kukenheim: Grammaire historique de la langue française. - Les parties du discours, Leyde 1967. - Les syntagmes, Leyde 1968.

J. Pedersen, E. Spang-Hanssen et C. Vikner: Fransk syntaks, Copenhague 1970.

K. Togeby: Fransk grammatik, Copenhague 1965.

- : Oldfransk, Copenhague 1970.

Cl. F. de Vaugelas: Remarques sur la langue française. Éd. Jeanne Streicher, Paris 1934.

1.3. Monographies sur des problèmes grammaticaux.

S. Andersson: Études sur la syntaxe et la sémantique du mot français *tout* (Études romanes de Lund 11), Lund 1954.

- : Nouvelles études sur la syntaxe et la sémantique du mot français *tout* (Études romanes de Lund 14), Lund 1961.

A. Blinkenberg: Le problème de la transitivité en français moderne, Copenhague 1960.

M. Th. Bossle: Wandlungen des französischen Modusgebrauchs im 16. und 17. Jahrhundert, Diss. München 1930.

I. Boström: Les noms abstraits accompagnés d'un infinitif et combinés avec *avoir*. Étude historique sur la syntaxe des articles et des prépositions dans ce genre de constructions françaises (Études romane de Lund 12), Lund 1957.

1) Nos citations se réfèrent à cette édition. En 1971 a paru une troisième édition, par J. Dubois, R. Lagane et A. Lerond.

V. Brøndal: Théorie des prépositions, Copenhague 1950.

C. Fahlin: Altfr. cume chevalier - neufr. en chevalier, altit. come
cavaliere - neuit. da cavaliere, Zeitschrift für französische Sprache
und Literatur 64, 1942, pp. 467-76.

Yvette Galet: L'Évolution de l'ordre des mots dans la phrase française
de 1600 à 1700 (Publications de la Faculté des Lettres et Sciences
Humaines de Rennes), Paris 1971.

A. Giorgini: Évolution sémantique des verbes d'opinion en français,
expliquant l'évolution syntaxique de ces verbes au 17e siècle,
Zeitschrift für französische Sprache und Literatur 48,1926, pp. 305-24.

Tove Jacobsen: L'Alternance modale. Étude sur le système modal dans les
propositions complétives chez Madame de Sévigné, Oslo 1972 (manuscrit
dactylographié, non-publié).

J. Klare: Entstehung und Entwicklung der konzessiven Konjunktionen im
Französischen, Berlin 1958.

R. Martin: Le mot "rien" et ses concurrents en français, Paris 1966.

J. Pinchon: Les pronoms adverbiaux en et y (Publications romanes et
françaises CXIX), Genève 1972.

Kr. Sandfeld: Syntaxe du français contemporain. - I. Les Pronoms, 1928. -
II. Les Propositions subordonnées, 1936. - III. L'Infinitif, 1943.
(Nouvelle édition, Paris et Genève 1965).

W. Schreinecke: Die Entwicklung des Modus im indirekten Fragesatze des
Französischen, Diss. Göttingen 1910.

E. Simon: Die Rektion der Ausdrücke der Gemütsbewegung im Französischen,
Diss. Göttingen 1907.

H. Sten: Nægtelserne i fransk, Copenhague 1938.

K. Wydler: Zur Stellung des attributiven Adjektivs vom Latein bis zum
Neufranzösischen (Romanica Helvetica 53), Berne 1956.

R. Zindel: Des Abstraits en français et de leur pluralisation, Berne
1958.

1.4. Monographies sur des auteurs du XVIIe siècle.

P. Berg: Syntax des Verbs bei Molière, Diss. Kiel 1886.

W. Hellgrewe: Syntaktische Studien über Scarrons Le Roman Comique,
Diss. Jena 1887.

W. Leest: Syntaktische Studien über Balzac, Diss. Königsberg 1889.

2. Textes cités.

Corneille: Le Cid. - Cinna. - Horace. - Pompée (éd. Garnier).

Jean Desmarets de Saint-Sorlin: Les Visionnaires, éd. Société des textes françai s modernes (H. Gaston Hall), Paris 1963.

La Bruyère: OEuvres complètes (Bibliothèque de la Pléiade).

La Rochefoucauld: OEuvres complètes (Bibliothèque de la Pléiade).

Molière: L'Étourdi. - Les Femmes savantes. - Le Misanthrope. - Amphytrion Le Tartuffe (éd. Garnier).

Racine: Alexandre le Grand. - Andromaque. - Phèdre. - La Thébaïde (éd. Garnier).

Mme de Sévigné: Lettres, vol. I (Bibliothèque de la Pléiade).

Charles Sorel: Histoire comique de Francion (Romanciers du XVIIe siècle, Bibliothèque de la Pléiade).

Tristan l'Hermite: La Folie du Sage, éd. Société des textes français modernes (J. Madeleine), Paris 1936.

- 45 -

INDEX.
(Les chiffres renvoient aux paragraphes)

- 47 -

TABLE DES MATIÈRES.